JE SUIS KUNTA KINTÉ

Karl JEAN-MARIE

JE SUIS KUNTA KINTÉ

"I will keep where there is wit stirring, and leave the faction of fools."

(William Shakespeare, *Troilus and Cressida*)

INTRODUCTION

Il est raisonnable de parler de ce qu'on connaît. Autrement, on peut facilement passer pour un imbécile. C'est la raison pour laquelle je me permets de discuter ici des choses qui me concernent en premier lieu et qui me touchent au plus profond de moi-même. En ce sens, je vais parler de ma petite personne et de mon petit pays.

On va penser, avec raison probablement, que c'est là une entreprise égocentrique et peut-être prétentieuse.

Ce que je vais dire dans cet ouvrage ne va pas plaire à tout le monde, mais vous vous doutez bien que mon projet va au-delà d'une intention démagogique. Je n'ai absolument pas besoin de l'approbation d'un quelconque public pour déverser mes larmes et toute la bile accumulée depuis que j'ai l'âge de comprendre que « quelque chose est pourri dans le royaume ».

J'habite un petit pays et on affirme sans vergogne que c'est un paradis sur terre car des gens de toutes origines vivent ensemble dans un semblant d'entente.

Or, je prétends que cette entente est surtout apparente car, dans le fond, le racisme le plus primaire s'exprime quotidiennement à travers une représentation médiatique par laquelle l'inconscient collectif est guidé vers une image de la réussite où il est mieux d'avoir la peau claire ou du moins de ne pas être afro-descendant.

Ceux qui sont à court d'argument vont surement protester en disant que voilà un autre Noir qui va encore pleurer. Le problème c'est que les Noirs n'ont pas vraiment pleuré. Ils ont encaissé toutes sortes de coups, de blessures et d'humiliations pendant des siècles et ont toujours tenu à rester dignes sans demander à être respectés vraiment.

Mon pays se dit multiculturel et parfois même métisse. Mais mon pays ne revendique que très peu son héritage africain. On joue un peu de maloya et on met en avant quelques rares projets économiques ou culturels avec Madagascar ou l'Afrique-du-sud. Mais on préfère des partenariats surtout avec l'Europe et accessoirement avec l'Asie.

Les langues européennes les plus variées sont enseignées dans les lycées de la Réunion. On peut aussi y apprendre le chinois mandarin, le tamoul ou encore l'arabe. Mais je n'ai jamais eu connaissance d'une langue africaine qui soit proposée en apprentissage dans une école de l'île.

Pourtant nous sommes sur une terre africaine géographiquement.

Je travaille dans un établissement scolaire et j'ai vu un professeur d'origine indienne et un autre enseignant zorèy qui ont passé leur temps à remettre en question l'autorité de la cheffe d'établissement, allant jusqu'à écrire directement au recteur pour demander la mise sous tutelle de la directrice. Pas besoin de dire que la directrice était une Cafrine ! Je ne dis pas que ces profs sont des racistes finis mais je me pose la question suivante : auraient-ils agi de la même manière si leur supérieure hiérarchique avait été une Malbaraise ou une Zorèy ? Permettez-moi d'en douter.

Loin de moi l'idée de porter la voix des afro-descendants. Je ne représente personne. Je porte juste en moi des marques et des cicatrices intérieures que personne ne voit. Je porte en moi l'héritage de mes ancêtres transbordés des côtes de Madagascar et du Mozambique.

Je suis de ceux qui habitent une île et qui ont peur de la mer car je sais que cette étendue d'eau a été longtemps un tombeau pour tant d'hommes, de femmes et d'enfants africains qui ne sont pas allés au bout du voyage.

MISES AU POINT

"The fool doth think he is wise, but the wise man knows himself to be a fool." (William Shakespeare, *As You Like It*)

Je me suis longtemps posé la question de savoir si mes parents et mes grands-parents avaient été plus heureux que moi et inversement si j'aurai été plus heureux que mes enfants lorsqu'ils auront l'âge et l'opportunité de s'interroger sur le sujet.

Il est facile de se poser des questions. Encore faut-il avoir des éléments d'information concrets et fiables pour mener à bien sa réflexion. C'est la raison pour laquelle il est important de s'en tenir à un protocole méthodologique stricte lorsqu'on s'engage dans l'écriture d'un essai sur un sujet qui invite inévitablement à la controverse. Pour ma part, j'envisage tout simplement et tout naturellement d'illustrer mon propos à l'aide d'exemples et d'informations dont le contenu et la recevabilité seront systématiquement vérifiés et pesés dans la balance de mon expérience et de mon intelligence d'être humain raisonnable et modéré.

Le sujet de ce livre ou, devrais-je dire, les sujets de ce livre concernent les problématiques qui s'imposent quotidiennement à mon esprit fatigué des polémiques irrespectueuses et des attitudes déplacées des commentateurs de la vie qui imposent leurs idées immondes et malsaines sur tous les écrans du monde. Le problème principal réside dans le fait que ces écrans sont désormais le premier vecteur éducatif de nos enfants.

Je n'irai pas jusqu'à perdre mon temps à parler par exemple de ce fils de Franco-algérien juif dont la famille a fui l'Afrique du Nord pour échapper à l'humiliation subie par plusieurs centaines de milliers de « pieds-noirs » qui ont été expulsés de l'Algérie. Non, les médias français lui ont déjà fait assez de publicité en lui permettant de déverser ses paroles haineuses envers tout ce qui n'est pas français et blanc. Ce qui m'étonne avant tout, c'est que cet individu a des traits qui trahissent des origines méditerranéennes et orientales marquées et qu'il passe son temps à dénigrer des populations qui lui ressemblent, bref...

Ce qui me pose problème, c'est que ce genre de personne arrive à véritablement influencer les jeunes et aussi les moins jeunes dans leur manière de percevoir les rapports humains entre les personnes d'origines différentes.

Le village global a perdu beaucoup de ses vertus dont on avait grand espoir initialement. Les défauts de chacun semblent avoir déteint sur les autres avec plus de vitesse et de détermination que leurs qualités. On ne peut que s'en offusquer certes. Mais que fait-on concrètement ? Qui corrige le tir ? Y a-t- il des personnes avisées et motivées pour contrer les offensives des nouveaux influenceurs malsains qui nous endoctrinent de leurs idéologies destructrices ? J'en arrive parfois à céder au pessimisme ambiant car il est facile de baisser les bras et de ne penser qu'à sa petite vie quotidienne personnelle sans tenir compte de ce qui se passe autour de soi. J'ai pris l'habitude de ne plus allumer la télévision que lorsqu'il y est diffusé un événement qui m'intéresse vraiment comme les marathons internationaux ou des émissions qui m'enrichissent intérieurement telle que « La grande librairie » de François Busnel.

Qui sommes nous sans la langue de nos parents ? Des aliénés probablement ; des êtres au cœur desquels il manque une musique originale.

Je pense aux enfants amérindiens qui du jour au lendemain ont dû oublier leur langue maternelle pour ne parler que l'anglais au risque de se faire battre par les maîtres acharnés des écoles réservées à ces « peaux rouges », ou pire encore on les violait ou les tuait d'une balle dans la tête. Je pense à ces jeunes Aborigènes chassés comme des animaux par des colons britanniques qui désiraient simplement leur inculquer des valeurs européennes basées d'abord sur l'acquisition forcée de la langue anglaise. On les séparait alors de leurs familles pour les parquer dans de véritables camps (je voulais dire « écoles ») de redressement linguistique et culturel. Je pense à ces Kenyans (Kikuyus, Kumba, Massaï, Luo etc.) qui devaient apprendre coûte que coûte la langue anglaise dans les écoles religieuses venues d'Europe et s'écarter progressivement de leur culture traditionnelle au risque de ne plus savoir qui ils sont.

On pourrait croire que cette tendance à aliéner et à déraciner les populations qu'ils colonisent serait exclusive à la Grande Bretagne tant l'ampleur du désastre qu'ils ont causé est immense au sein des communautés directement touchées et aussi par l'impact psychologique laissé dans l'inconscient de l'Histoire mondiale.

Cette culture de la domination par la violence traumatisante se retrouve aussi chez les Français. On pourrait rappeler les massacres atroces de Sétif ou de Tananarive, mais contentons-nous de nous concentrer sur l'aliénation linguistique. Partout où la colonisation a sévi il s'en est suivi une guerre psychologique pour tenter de minimiser l'importance et l'esthétisme de la culture locale tout en favorisant le développement de tout ce qui était lié à la manière de vivre des envahisseurs.

Cet état de fait est exagérément visible dans les anciennes colonies françaises qui ont été renommées départements d'outre-mer. Parmi ces territoires particuliers, la Réunion demeure une entité hors-norme. Sa spécificité se retrouve surtout dans la manière dont les autorités françaises ont réussi à imposer un style de vie et une relation au monde à une population, qui était à la base exclusivement créolophone, selon un schéma de politique culturelle tout à fait destructeur.

Voilà la thématique qui traverse les textes qui vont suivre. Les temps ont changé, les peuples ont fait évoluer leur culture avec plus ou moins de succès tandis que les pays dominants par leur force économique et militaire n'ont eu de cesse de peser lourdement sur la destinée des moins puissants. Ce constat est déplorable dans le contexte d'un monde qui se veut et se croit évolué. Cette évolution de l'espèce humaine n'est qu'apparente ; elle sous-entend que nous menons une vie meilleure. Ceci est complètement faux. L'aisance matérielle que l'occident prétend entretenir n'a aucun sens véritable. Il est vrai que la majorité des hommes et des femmes qui habitent en Europe de l'ouest, en Amérique ou en Asie disposent de machines modernes qui semblent leur faciliter la vie. Mais leur vie est-elle vraiment facilitée ?

Pourquoi ai-je cette impression latente que tout ceci n'est qu'une façade et que nous sommes moins à l'aise dans un monde qui nous dépasse de plus en plus ?

Mes parents et leurs frères et sœurs n'ont jamais été chez le moindre docteur en psychologie ou en psychiatrie et leurs discussions et attitudes n'ont jamais montré aucune trace de tension psychologique ou de stress exagérément exprimé. En ce qui me concerne, il m'est déjà arrivé de m'interroger sur mon état de santé mentale, car les occasions n'ont pas manqué depuis l'âge adulte de me retrouver en difficulté ou en confrontation face à un système qui impose des règles strictes et parfois incompréhensibles dans un monde de plus en plus complexe. Les études en sciences sociales montrent chaque jour que les populations modernes (surtout occidentales) sont devenues de gros consommateurs d'antidépresseurs et de psychotropes de toutes sortes. C'est ça le progrès ?

Je propose de discuter des problèmes majeurs qui préoccupent les personnes les plus sensibles à la catastrophe humaine vers laquelle nous nous précipitons. Je ne prétends pas détenir une quelconque vérité sur quelque sujet que ce soit. Néanmoins, j'exprime avec détermination mes convictions les plus intimes, car mûrement réfléchies, sur ce qui me touche au plus profond de mon âme.

J'appartiens à la terre où je suis né et qui m'a nourri dès ma plus tendre enfance. Tous ceux et celles qui sont issus de cette terre et qui y sont enterrés ou incinérés sont liés à mon être d'une manière ou d'une autre.

Toutes les générations qui m'ont précédé existent en moi d'une façon indéfinissable. Je fais table rase de tous mes préjugés, si cela est humainement possible, pour leur rendre hommage en dévoilant des injustices qui sont parfois ouvertement assumées par des individus ou des groupes qui ne craignent plus de reconnaître par exemple que leur richesse financière d'aujourd'hui repose sur l'esclavage de mes ancêtres africains. Ils se revendiquent ainsi presque fièrement d'une ascendance criminelle qui commettait viols et meurtres aussi impunément que joyeusement. C'est précisément pour cette raison qu'il m'est difficile de ressentir de la fierté d'être réunionnais car cela signifierait que je pardonne les monstruosités de l'esclavage et que j'accepte la domination économique des descendants de criminels malhonnêtes. Non.

Je ne fais pas partie de leur monde et jamais je ne tolèrerai leur compagnie. Aucun descendant d'esclavagiste n'a reconnu le tort fait aux Malgaches et aux Mozambicains déportés à la Réunion et maltraités comme de simples animaux.

Une arrière-petite-fille des Barau de Sainte-Marie, famille qui a prospéré grâce à la traite négrière, affirmait dans les médias dans les années 2000 que jamais de son vivant un de ses enfants ou descendants n'épouserait un Noir. Un chanteur qui était « sur la route toute la sainte journée » et qui a enlevé la particule « de » de son nom de famille a osé affirmer à la télévision que l'esclavage à la Réunion avait été moins sévère et moins traumatisant pour ces chers petits Noirs.

Je ne sais plus s'il faut les maudire ou simplement ne pas tenir compte de leur existence. Le problème demeure que ces individus ignorants et méprisants s'expriment ouvertement dans la presse où ils ont apparemment un accès facile. C'est pour cette raison que je me dois d'exprimer ma voix qui est celle des milliers d'entre nos ancêtres qui n'ont pas eu la possibilité de crier leur colère et leur incompréhension devant tant de violence et d'injustice.

Je me permets désormais de crier la douleur de mon ascendance. Oui, je suis mes ancêtres, n'en déplaise à cet « intellectuel » malbar qui m'a reproché un jour de raviver des plaies béantes en me référant constamment à la souffrance de mes ancêtres africains.

Oui, la Réunion c'est beaucoup d'Afrique, n'en déplaise à ce haut responsable de l'église catholique qui a déclaré en public que « la Réunion ce n'est pas l'Afrique. »

Les textes qui vont suivre vont traiter de sujets qui concernent tout le monde et ils remettent en question le concept moderne de vivre-ensemble que les autorités essaient d'imposer comme une caractéristique de la société réunionnaise.

On se congratule du fait que les communautés vivent en harmonie sur l'île. Je me permets de remettre en question cette prétendue harmonie, car elle n'est pas si évidente que ça pour toutes les communautés. Cet ouvrage n'a aucune prétention scientifique. Il s'agit davantage d'un cri d'alarme. C'est le cri d'un homme qui pleure et qui ne veut plus pleurer. C'est le cri d'un enfant qui n'en peut plus de voir son père et sa mère baisser leurs regards devant des personnes qui leur sont différents uniquement parce qu'ils sont blancs.

Ce livre est un témoignage et une interrogation sur une société qui me dépasse par sa violence gratuite et sa bêtise quotidienne.

CONTESTATION

"We are all in the gutter, but some of us are looking at the stars."

(Oscar Wilde, *Lady Windermere's Fan*)

La contestation de l'autorité en général et de l'autorité politique en particulier est une bonne chose. C'est une attitude salutaire qui permet au moins de maintenir dynamique le principe démocratique. La contestation, telle qu'elle s'exprime au sein des instances traditionnelles comme les mairies ou les gouvernements n'ont de sens que lorsque les forces en présence défendent des points de vue vraiment distincts et non pas des positions habituelles qui leur assurent uniquement la réussite électorale.

C'est pour cette raison que les petits groupes de réflexion et d'action ont par moment plus d'impact réel sur le cours des choses que les grands partis établis et embourbés dans leur lourdeur et leur immobilisme de dinosaures.

Un groupe de jeunes et de moins jeunes s'est créé et organisé en plein milieu d'un rond-point à l'entrée de la ville du Tampon dans le sud de l'île. Leurs idées avaient d'abord paru un peu farfelues à l'ensemble des personnes qui s'intéressaient de près ou de loin à leurs revendications. J'emploie à dessein le terme de « revendications » car ce groupe est directement issu des Gilets Jaunes dont les actions de blocage dans toute la France avaient paradoxalement permis de débloquer plusieurs cadenas de la pression sociale.

Les Zazalé, c'est ainsi qu'ils se font appeler, sont plutôt une sorte d'association de plus en plus caritative, de groupe de réflexion, de maison d'actions culturelles ou encore de regroupement de contestataires des autorités en place plus ou moins apolitiques.

Je ne ressentais pas plus d'affinités que quiconque avec ces personnes jusqu'au jour où je me suis rendu compte que les médias en place prenaient un malin plaisir à dénigrer systématiquement les actions menées à bien par ces jeunes gens et ces jeunes femmes. Je remarquai également que les forces de l'ordre leur accordaient une surveillance très active qui tournait parfois à l'acharnement policier.

Là où j'ai compris que ces gens avaient quelque chose de spécial et donc d'intéressant c'est quand je me suis rendu compte que la presse écrite locale, en particulier le rédacteur en chef du J.I.R., les traitait avec une rare violence qui relevait plus du harcèlement que de l'information journalistique.

Je me suis alors intéressé aux Zazalé. J'ai compris tout de suite à qui j'avais à faire. Parmi ce groupe se trouve un jeune homme qui, quelques années auparavant, s'était illustré en s'opposant ouvertement et théâtralement à la venue de Marine Lepen dans notre île. Il avait alors mis en danger son intégrité physique, car on connaît la grande sympathie que le corps policier accorde aux représentants de l'extrême droite en France. Je ressens une certaine admiration pour les gens comme lui qui ont le courage de se mettre en danger pour exprimer leurs idées et en particulier pour lutter contre la bêtise humaine qui glorifie la barbarie la plus basique.

Les Zazalé gênent à n'en pas douter les tenants d'une morale sociale qui s'offusquent du moindre mouvement contestataire, car cela mettrait en péril le *statu quo* dans lequel ils se sentent à l'aise et pour rien au monde ils n'accepteraient que celui-ci soit remis en question, surtout pas par une bande de « hippies ». La plupart des citoyens ne voient pas que ce groupe de militants constitue probablement un modèle qu'il faudrait certainement étudier, car ils proposent une manière de voir et d'agir qui pourrait inspirer plus d'un décideur officiel.

Au fil du temps, les Zazalé ont montré une capacité d'adaptation et de remise en cause permanente. Ils ont impulsé une série de questionnements et d'interrogations de toutes sortes au cours de rencontres régulières en présentiel dans leur QG du rond-point ou en distanciel sur internet. Ils sont très actifs sur les réseaux sociaux, ce qui implique une organisation subtile des débats pour faire face par exemple à des interventions belliqueuses dont ils sont parfois victimes.

Ce n'est pas un hasard si nombre d'artistes et d'écrivains de toutes sortes leur ont effectivement rendu visite ou leur ont manifesté de la sympathie. Il y a dans ce groupe l'espoir d'une société plus juste où, pour paraphraser le bouddhisme, le bonheur de chacun dépend du bonheur de tous. Il ne s'agit pas de se complaire dans de fausses illusions. Néanmoins, il est question de faire l'effort de se réunir pour penser à des possibilités d'évolution dans un monde et sur une île où on consomme avant de réfléchir plutôt que de faire l'inverse.

L'affinité qui me lie de plus en plus aux Zazalé n'est pas de l'ordre de l'affectif, car je ne connais pas intimement ces personnes. Il est plus raisonnable de dire que l'intérêt que je leur porte est d'ordre intellectuel et culturel. Ce sont des personnes qui me semblent intègres dans leurs visions et l'image qu'elles en donnent. Ce sont des personnes qui n'ont pas besoin de se montrer dans des costumes trois-pièces ou qui peuvent se promener dans le centre-ville en sandales. Voilà une attitude qui montre qu'on ne se concentre pas sur l'apparence de la personne et qu'on laisse le champ à l'essentiel de s'exprimer. L'essentiel se trouve souvent dans ce qui ne se voit pas directement. L'essentiel est parfois derrière un sourire ou une grimace, l'essentiel est souvent derrière une larme ou un éclat de joie, l'essentiel est rarement derrière une cravate ou une montre à plusieurs centaines d'euros.

Les Zazalé compte en son sein de nombreux défenseurs de la culture créole et en particulier de la langue créole. Ils s'expriment la plupart du temps dans la langue de nos parents et de nos grands-parents sans pour autant exclure quiconque n'est pas créolophone. C'est une posture de grande ouverture qui contraste avec le concept de repli identitaire dont on affuble systématiquement les créolophones qui osent s'exprimer dans leur langue traditionnelle. On ne peut que saluer la grande générosité de ces personnes qui dans leur besoin de communautarisme interhumain contraste avec l'habitude plutôt malsaine de communautarisme intra-ethnique qui existe depuis bien longtemps ici et qui persiste encore de nos jours.

Je condamne les groupes communautaristes intra-ethniques qui contrôlent les commerces des centres-villes, ceux qui ont la mainmise sur les transports en commun, ceux qui dominent la haute administration et le haut patronat, ceux qui possèdent les stations-services, ceux qui usurpent le pouvoir de bloquer tout le monde avec leurs gros camions, ceux qui ont monopolisé les petits commerces pour faire de leurs descendants des médecins et autres docteurs, ceux qui se sont autorisés à se ghettoïser sur les côtes balnéaires, ceux qui se sont agglutinés autour de quartiers entiers et laissent leurs enfants prendre le pouvoir à travers la délinquance et la violence gratuite et finalement … nous autres qui passons notre temps à jouer au football, à remplir les lycées professionnels, à faire des allers-retours à Domenjod ou au Port, à nous réjouir d'un verre de rhum distillé par les petits-fils de nos anciens « maîtres », à nous bagarrer pour un rien contre nos semblables, à ne plus respecter nos aînés et à nous perdre et à nous détruire nous-mêmes.

Il en ressort que tous les secteurs de notre vie de tous les jours sont gangrénés par ce machin, ce truc, ce principe maléfique et destructeur de communautarisme.

Mon pays s'est construit sur la base d'un multiculturalisme rare où mes frères cafres, yabs, chinois, malbars ont œuvré à créer une culture d'accueil et de respect de l'autre sans arrière-pensée de domination envers quelque groupe ethnique que ce soit. Cette tradition de l'accueil s'est avérée autodestructrice sur le long terme. Comparaison n'est pas raison, toutefois, il semble bien que cette tendance à l'accueil de l'autre ait été à l'origine de la plupart des désastres génocidaires de l'Histoire mondiale. Les Amérindiens et Aborigènes en sont des illustrations plus que parlantes. Le désastre de mon pays et de ma culture n'est pas, à proprement parler, de type génocidaire, encore que …

Les groupes qui se sont progressivement ajoutés à notre *melting-pot* d'origine n'ont vraisemblablement pas intégré ou respecté ce que nos ainés avaient créé de leurs mains noires, jaunes et blanches. Je leur en veux quand même un peu pour cela.

Je suis de ceux qui honorent leurs ancêtres non seulement pour attirer leur faveur mais surtout pour rendre hommage à leur mémoire. Je tiens à leur montrer d'une certaine manière que je suis fier de ce qu'ils ont fait pour moi et ma génération et pour la génération de mes enfants. Jamais il ne me viendrait à l'idée de tourner en ridicule le travail effectué par ces femmes et ces hommes qui ont donné leur vie pour que la nôtre soit meilleure aujourd'hui. Tout le monde est accueilli à bras ouverts sur mon île et on a l'impression qu'on vit dans une sorte d'eldorado social et climatique. Il n'en demeure pas moins que cet eldorado est en train de « partir en vrille », car nous, et nos parents avant nous, avons montré notre faiblesse d'origine qui est de nous montrer trop accueillants.

En écrivant ces mots, je me rends compte à quel point cela fait mal de dire des choses pareilles. Ce n'est pas une faiblesse que d'être gentil et accueillant. La faiblesse est du côté des agresseurs et des détracteurs de notre culture qui détruisent peu à peu notre manière de vivre au profit d'une culture globale uniforme et passablement exclusive. En d'autres termes, la culture qui menace de s'imposer dans mon pays est à l'inverse du projet de « vivre ensemble » initial que mes ancêtres ont laborieusement créé.

Les initiatives menées à bien par *Domoun Zazalé* respectent le grand projet de nos aînés. C'est probablement la raison véritable qui me lie si intensément à la philosophie de vie proposée par nos amis du Tampon.

J'ai essayé de comprendre la raison pour laquelle certaines personnes s'opposaient systématiquement aux actions et aux idées développées par le groupe *Zazalé*. Il faut quand même rappeler que ces oppositions sont souvent indirectes car elles s'expriment la plupart du temps à travers les réseaux sociaux. Je fais le pari que, si ces mêmes personnes se déplaçaient pour assister aux *ron'nkozé* organisés dans le rond-point et participer aux débats en présentiel, il y aurait moins de malentendus et plus d'échanges fructueux. Je considère que les membres du groupe sont avant tout des optimistes qui n'en demeurent pas moins réalistes et conscients des problèmes auxquels ils doivent faire face tous les jours.

Revenons-en donc à la raison pour laquelle certains ne veulent absolument plus entendre parler du rond-point des Azalées. Souvent les raisons les plus simples sont juste devant nos yeux sans qu'on n'en tienne compte. Le problème majeur de *Domoun Zazalé* c'est qu'ils se battent contre un système établi héritier d'une longue tradition basée sur l'exploitation raciste de certains groupes humains par d'autres humains. Plusieurs pseudo-représentants des autorités ont d'ailleurs essayé de placer l'arme dans les mains de la victime et ont osé traiter *les Zazalé* de racistes. Pas mal, mais peut mieux faire comme argument à charge.

En fin de compte, je les comprends, ceux qui disent que les *Zazalé* sont racistes. Du moins, je comprends la démarche intellectuelle qui les conduit à dire une telle aberration. Leurs accusations s'appuient sur le fait que les combats menés par les activistes et débatteurs des *Zazalé* visent exclusivement ceux qui profitent manifestement du système de manière éhontée et affiche leur arrogance dans une attitude sociale irrespectueuse qui frise souvent le racisme à l'encontre du reste de la population. Ces personnes ne se préoccupent absolument pas de respecter la loi quand il s'agit par exemple de fermer un sentier de pêcheurs qui longe leur villa sur la plage. Elles semblent également ne pas tenir compte de la même loi française lorsqu'elles se permettent de privatiser d'autres espaces publics plus conséquents à Manapany, à Saint Pierre ou à Saint Gilles.

Or, ces personnes qui en veulent au mouvement des *Zazalé* sont dans leur grande majorité des gens puissants qui veulent maintenir un *statu quo* qui leur est injustement avantageux et surtout ce sont avant tout des Zorèy venus chercher fortune sur une terre connue pour être plus que favorable aux citoyens blancs de l'hexagone. Voilà donc le pourquoi du comment. Le seul *hic* qui rend leur accusation bancale se trouve dans le fait que les *Zazalé* comptent dans leur rang des membres et des sympathisants zorèy.

Les Créoles réunionnais ont, comme toutes les populations, des problèmes récurrents d'ordre culturel et psycho-social. Un problème essentiel qui subsiste dans mon pays concerne notre côté introverti. Cette particularité nous a conduits à souffrir souvent de timidité et de retenue face à des situations déterminantes pour notre avenir et celle de nos enfants. Par exemple plus d'un Réunionnais ne dit plus « zorèy » de peur de passer pour un raciste. Pauvres de nous ! Nos parents et nos grands-parents étaient-ils donc racistes lorsqu'ils parlaient notre langue créole ?! En refusant de dire le mot « zorèy » pour utiliser celui de « métropolitain », nous ne faisons que nous soumettre encore une fois à un système agressif envers notre langue et notre culture. Très peu pour moi.

Nous sommes donc des introvertis qui nous soumettons à un ordre discriminatoire qui nous détruit inévitablement. Nous, les introvertis, nous sommes plus qu'heureux qu'un groupe de jeunes gens et de jeunes femmes aient osé prendre la parole et agir au nom de notre culture, non seulement de la culture créole mais aussi au nom de la nature humaine. Que le nom des *Zazalé* soit repris avec fierté, car ils ont remis de l'honneur là où le courage faisait défaut. Que le nom des *Zazalé* soit respecté, car ils se battent pour une vision où chacun aurait sa place dans une société respectueuse de chaque citoyen.

Pour ma part, je suis séduit par leur vaillance et leur ouverture d'esprit, deux qualités rares de nos jours.

LE *STATU QUO*

''**Something is rotten in the State of Denmark**''

(William Shakespeare, *Hamlet*)

Il est impératif d'évaluer régulièrement les représentants élus et leurs collaborateurs dans leur travail effectué dans le cadre des missions assignées à leur fonction. On pourrait même élargir cette exigence à toutes les instances et à toutes les autorités officielles émanant plus ou moins directement des suffrages.

De ce fait, les scrutins électoraux sont une évaluation naturelle qui semblent jouer leur rôle de rééquilibrage et de renouvellement des responsables et autres décideurs politiques.

Cependant, dans un pays comme le nôtre, où les passe-droits font figure de documents aussi habituels que les pièces officielles traditionnelles, il ne serait pas inutile de questionner le travail des officiels de manière plus régulière. Comme dirait Thomas Sankara, nos responsables devraient être des femmes et des hommes irréprochables.

Quiconque a été reconnu coupable de malversations ou d'une quelconque action de mauvaise intention ne devrait plus officier dans des postes à responsabilité publique. Cela me semble aller de soi. C'est aussi logique que de réclamer qu'un enseignant pédophile doit être châtié du domaine de la formation des jeunes.

Or, nous savons tous que le nombre d'élus politiques et autres responsables publiques impliqués et condamnés dans des affaires de détournement de fonds publics ne fait qu'augmenter, sans compter les affaires réglées en catimini à coups de valises de billets intraçables. Où est passé le principe d'honorabilité lié à la fonction de représentation ou de service public ?

Je ne sais quoi penser vraiment de ces gens sans vergogne qui s'octroient des droits et des pouvoirs outrepassant leur simple mission professionnelle. On connaît, par exemple, tel maire d'une grande ville qui puisait dans son vivier d'employées communales comme un sultan choisit ses compagnes d'un soir dans son harem.

Tel autre premier édile de l'est de l'île monnaie toujours aujourd'hui le reclassement des terres agricoles en contrepartie d'un petit cadeau immobilier qu'il transfère à un proche qui ne porte pas le même nom que lui. Telle autre parlementaire emploie son fils et des membres de sa famille à des postes d'attachés, de secrétaires ou de collaborateurs à peine compétents mais grassement rémunérés par l'argent public.

Tout cela pose évidemment problème et cela m'étonne que les pouvoirs judiciaires n'arrivent pas à freiner et à arrêter ces habitudes malveillantes qui gangrènent toute une société et tout un peuple qui ne peut que se soumettre à des voyous puissants et soutenus *a priori*.

Plusieurs espaces d'échange, de réflexion et d'expression se sont constitués dans notre pays ces dernières années. Leur but n'est pas seulement de créer un moment convivial mais surtout de donner à réfléchir et à réagir face à des situations de plus en plus incompréhensibles tant dans leur dimension morale que par l'impact traumatisant qu'elles imposent à notre état mental. *Domoun Zazalé* propose par exemple une attitude réflexive et active qui se traduit par des réunions et des rencontres ouvertes à tout le monde.

Il est évident que tout le monde ne se presse pas pour participer aux débats car la plupart d'entre nous avons l'impression que le *statu quo* est un moindre mal devant l'incertitude de la remise en question de nos habitudes. Nous avons cette prétendue intuition que réformes et changements amèneront inévitablement des bouleversements inquiétants et terribles. Ce n'est aucunement une intuition mais bien la peur de la nouveauté qui nous freine et nous rend lâches face à un monstre invisible dont les disciples s'enrichissent de matériel et d'argent tandis que nous regardons nos enfants s'engouffrer dans une voie sombre et incertaine vers un avenir encore plus incertain.

Mon pays va mal pour de multiples raisons et tout le monde en est conscient. Cependant, rares sont ceux et celles qui s'interrogent vraiment et cherchent à amener leur pierre à l'édifice d'un futur commun. En plus des Zazalé du Tampon, il existe une autre entité associative qui se définit comme un lieu de partage et de savoir entre citoyens de tous âges. Il s'agit de L'Université Maron.

L'Université Maron organise principalement des cycles de conférences autour de thèmes généraux de politique économique globale ou de thèmes particuliers qui traitent de problématiques spécifiques à la Réunion. Les dernières conférences avaient trait par exemple à l'exil de jeunes Réunionnais au Québec, à l'article 73 et l'évolution statutaire de la

Réunion, à l'école face aux inégalités, à « Août 1961, 13 exils sur ordonnance ».

Encore une fois, je n'ai aucun lien affectif avec ces associations et ces groupes de réflexion. Cependant, je me sens proche d'eux dans le sens où ces personnes donnent de leur temps et de leur énergie de manière bénévole pour essayer d'améliorer les choses en questionnant les rapports problématiques plus ou moins visibles dans nos sociétés dites modernes.

L'HÉRITAGE

*"**We kwow what we are, but know not what we may be**."*

(William Shakespeare, *Hamlet*.)

J'accuse tous les Réunionnais et toutes les Réunionnaises, quels qu'ils soient ou quelles qu'elles soient, de haute trahison culturelle envers l'héritage légué par les Anciens.

Nous sommes tous coupables d'avoir regardé et d'avoir laissé faire. Nous étions un peuple exceptionnel doué de savoir-faire inimitable et de savoir-vivre incomparable. Notre savoir-faire était issu de compétences acquises au fil de l'expérience de cultures ancestrales venues de tous les continents. Notre savoir-vivre était le résultat d'un vrai mélange culturel de populations variées qui se sont retrouvées pour construire un avenir meilleur dans le respect mutuel.

Mais qu'en avons-nous fait ? Plusieurs d'entre nous avons joué le jeu du communautarisme et avons construit des affinités de « race » et d'appartenance ethnique. Ces moments de collusions politico-économiques coïncident souvent avec les occasions de regroupements cultuels à la mosquée, à la chapelle malbar, à la pagode, ou dans un bar autour d'un verre. On y discute de création d'entreprises, de la nécessité de faire élire ou de placer tel individu du groupe à tel poste, de l'opportunité d'investir dans tel secteur, des marchés publics en cours ou à venir et de terrains agricoles à déclasser. Ces gens, quelle que soit leur appartenance ethnique, ont tellement pris l'habitude de contourner les lois à leur manière et d'arranger les choses à leur avantage qu'ils se font parfois piéger eux-mêmes par ce qu'ils prennent pour des détails mais qui n'en sont pas. On se souvient de ce président d'association d'un temple de l'est de l'île qui s'était créé des diplômes factices pour accéder à un poste de responsabilité dans une administration publique sise au Barachois à Saint Denis. On se rappelle cette présidente d'assemblée qui insistait pour que les membres déjà nantis de sa communauté d'origine bénéficient des aides sociales. On n'oublie pas que cette même personne a déclaré devant des caméras qu'il était normal que les femmes créoles soient attirées par les zorèy car les hommes créoles étaient des êtres violents. Je crois qu'on l'a oublié, ça.

Nombreux sont ceux qui donnent leurs avis et leurs conseils à d'autres qui parfois essaient de changer les choses qui leur paraissent injustes et inacceptables. Ces personnes aiment déblatérer et palabrer pour ne rien apporter de nouveau aux débats ou aux problématiques existants. Ce qui est navrant c'est que les canaux des réseaux sociaux leur facilitent la tâche et que ces « influenceurs » et autres commentateurs masqués gagnent en notoriété grâce à la violence ou à la bêtise de leurs attaques en ligne. Le public s'amuse des imbécilités.

On en vient à ridiculiser des porteurs de messages et d'informations nobles ou intelligents et à glorifier les imbéciles heureux qui se réjouissent de clash ou de gifles en direct. La télévision française fait de plus en plus la part belle à ces nouveaux héros souvent incultes et faussement courageux derrière les écrans et les gardes du corps. Les pessimistes diront que c'est là un signe de la fin des temps

JE SUIS KUNTA KINTÉ

''*The robbed that smiles, steals something from the thief*'

(Shakespeare, *Othello*.)

La raison du plus fort est-elle toujours la meilleure?

Il est plus qu'intéressant d'interroger ce propos car il est au coeur même de nombreux sujets préoccupants qui gouvernent nos modes de pensée contemporains et notre façon de nous situer dans le village mondial.

Ma culture et mon experience personnelle m'ont plutôt amené à adopter la posture de celui ou de celle qui se place quasi automatiquement du côté des opprimés ou du parti le moins nanti ou le moins avantagé. C'est très probablement la raison principale pour laquelle j'accorde un soutien symbolique sans faille aux victimes de systèmes de toutes sortes.

Je suis juif en 1940 sous les coups des nazis. Je suis gazawi depuis 1967 sous les coups des Juifs. Je suis congolais sous les coups de Léopold II. Je suis anjouanais sous les coups des Mahorais.

Je suis africain-américain sous les coups du Ku Klux Klan. Je suis femme sous les coups d'un compagnon imbécile. Je suis aborigène sous les coups des Australiens blancs. Je suis footballeur noir sous les coups des insultes des spectateurs plus clairs de peau. Je suis manifestant anti système sous les coups des CRS. Je suis enfant sous les coups d'adultes violents. Je suis chagossien sous les coups de décideurs anglais et mauriciens corrompus. Je suis l'espèce humaine sous les coups d'une intelligence artificielle intrigante. Je suis 15000 Algériens sous les coups de la répression coloniale à Sétif en 1945. Je suis 40 000 Malgaches sous les coups de la répression coloniale de 1947. Je suis japonais sous les coups de bombes atomiques américaines. Je suis simple citoyen français sous les coups de paramilitaires islamistes. Je suis migrant subsaharien sous les coups des vagues meurtrières de la Méditerrannée. Je suis amérindien sous les coups de la bannière génocidaire américaine. Je suis hutu sous les coups de mes voisins tutsis. Je suis tutsi sous les coups de mes voisins hutus. Je suis moine tibétain sous les coups de militaires chinois. Je suis le pays Haïti sous les coups de la revanche d'une France amère depuis 1804. Je suis Kunta Kinté sous les coups de John Waller. Je suis révolutionnaire Vietcong sous les coups de GIs excités. Je suis jeune soldat américain sous les coups de vietcongs énervés. Je suis cafre mauricien sous les coups d'une culture indienne écrasante. Je suis simple entrepreneur sous les coups d'un Capital sans scrupule. Je suis sans domicile fixe sous les coups d'une société qui marche à l'envers. Je suis poète et philosophe sous les coups d'un monde sans repère. Je suis libre penseur russe sous les coups des goulags du grand nord. Je suis homosexuel sous les coups de sociétés rétrogrades. Je suis irlandais du nord sous les coups d'une occupation politico-militaire. Je suis palestinien sous les coups d'une occupation militaro-politique. Je suis 50 000 000 de Noirs Africains sous les coups d'esclavagistes de tous pays. Etc.

Ce n'est pas avec plaisir que j'énumère toutes ces causes qui ne font pas honneur à l'intelligence humaine. Bien au contraire, cela m'offusque et m'indispose au plus profond de mon être. J'ai longtemps vécu avec l'illusion trompeuse que l'espèce humaine avait atteint un niveau intéressant d'évolution. Je me pose encore la question de savoir où se situe cette évolution. Dans les techniques de communication peut-être. Absolument pas. Les fameuses avancées en communication ont abouti à des êtres exclusivement focalisés sur des écrans à longueur de journée. On a tous été témoins de scènes pour le moins déroutantes de goûters d'anniversaire entre jeunes ou moins jeunes se déroulant dans une ambiance malaisante où chacun est occupé à scroller son écran de smartphone.

La seule évolution vraiment palpable dont la race humaine tire parfois une certaine fierté se trouve dans le domaine de l'armement. L'homo sapiens sapiens est devenu le meilleur expert de toute la création dans la technique de tuer ses congénaires. Je ne suis pas sûr que ce soit une marque d'intelligence avancée ou même de simple progrès.

NOS HÉROS

"*Cowards die many times before their deaths ; the valiant never taste of death but once.*" (William Shakespeare, *Julius Caesar*)

Je n'ai pas beaucoup de héros. Je me demande bien pourquoi d'ailleurs. Il y a bien des héros de littérature ou de cinema auxquels je m'identifie. Mais ils n'ont rien de ces héros nationaux censés vous encourager à croire que vous faites partie d'une culture forte et importante. Pour prendre un exemple qui parle au monde d'aujourd'hui je dirais que le héros français tel qu'on le conçoit se trouve du côté d'un Charles de Gaulle, d'un Victor Hugo ou encore d'un Vercingétorix. Il s'agit de personnages clés de la culture et de l'histoire du pays.

L'importance des héros va au-delà de la simple representation Culturelle ou nationale. Le héros vous met en confiance et c'est très important qu'il vous ressemble un peu, ne serait-ce que physiquement. Serait-ce pour cette raison que les Réunionnais semblent si perdus? Car leurs héros ne leur ressemblent pas ou si peu. Où sont nos héros?

Les décideurs ont décidé que nos héros seraient des héros français. Nous nous retrouvons donc à glorifier et à nous identifier à David Douillet, à Marcel Proust ou à Thomas Pasquet. Ce sont là des personnes honorables à plus d'un titre, mais là n'est pas le problème. Je me suis moi aussi retrouvé dans ces personnages occidentaux célébrés par tout le monde.

Or tout ça a pris un tour très particulier le jour où j'ai compris que l'un de ces hommes blancs que je considérais comme une figure héroïque de référence s'est avéré être un raciste notoire. S'il m'avait rencontré, il m'aurait à peine jeté la moitié du regard qu'on accorde à un chien errant.

Pour moi monsieur John Wayne avait toujours représenté l'essence de l'homme adulte idéal à travers ses personnages de cowboy américain. Je m'identifiais tellement au personage du cowboy blanc que je voyais les "peaux-rouges" comme des ennemis à abattre.

Dans la cour de récréation on se battait littéralement pour avoir le role de cowboy tandis que ceux qui jouaient les indiens le faisaient à contre-coeur. Pour vous dire à quel point nous, descendants de Mozambicains, de Malgaches, de Chinois et d'Indiens, étions obnubilés par ces personnages et acteurs blancs.

À ce propos, je comprends mieux aujourd'hui le rôle pernicieux de la television dans l'asservissement mental des jeunes cafrines et malbaraises qui considèrent le mariage idéal uniquement avec un zorèy. Bref, ça c'est une autre histoire.

Revenons à nos moutons blancs. John Wayne a affirmé dans plusieurs interviews qu'un bon indien était un indien mort et que l'Amérique appartenait aux hommes blancs. Autres temps autres moeurs diront les défenseurs des supremacistes blancs, moi je n'y vois que mépris, arrogance et racisme primaire. Mon héros de jeunesse s'est transformé en sous-merde.

Tout ça pour dire que nous avons tous besoin de héros et qu'il est important que nos enfants aient des héros qui ne les déçoivent pas un jour. Nous avons besoin de héros qui nous soutiennent dans les moments de doute et de faiblesse. Pour cela il est primordial que nos héros nous ressemblent. Le processus d'identification en est facilité. Ce n'est pas un hasard par exemple si les figures religieuses sont représentées sous les traits physiques de ceux qui les louent et les honorent. Bouddha ressemble à ses adorateurs chinois et autres asiatiques qui se retrouvent aisément dans le personnage et leur adhésion ainsi que la démarche spirituelle vers les textes sacrés sont d'autant plus naturels et facilitées.

Il en est de même pour les orientaux musulmans, les hindous ou encore les chrétiens blancs. L'image et les icônes de leurs divinités sont en accord avec leur propre image dans le miroir.

Ceci n'est pas le cas pour nous-autres qui n'avons pas d'images divines qui nous ressemblent.

Bien au contraire, nous voyons un Jésus blanc (voire un Mahomet oriental) qui semble gouverner notre destin à l'image d'un maître blanc.

J'en ai un peu assez des maîtres blancs.

Où sont mes héros?

UNE QUESTION DE LANGUE

Ay, is it not a language I speak?
(William Shakespeare)

Ma langue maternelle ressemble aujourd'hui à une sous-catégorie d'un français appauvri. Il m'arrive de m'écouter parler parfois et de me rendre compte alors de cet état de fait. Ce constat est encore plus affirmé lorsque j'entends des journalistes ou des animateurs télé baragouiner une espèce de traduction en créole d'un texte préalablement écrit en français.

Moi qui suis traducteur de textes anglais vers le français, je me rends compte immédiatement de la supercherie. Ces textes traduits ont l'odeur de la langue dans laquelle ils ont été conçus à l'origine.

Ces professionnels de la communication audiovisuelle ne sont pas animés par un désir de nuire. Bien au contraire, ils s'inscrivent dans la lignée de ceux et de celles qui veulent croire encore que notre langue aura un bel avenir si on essaie de la preserver.

Je ne suis pas de nature pessimiste mais là il y a de quoi s'inquiéter. Le créole que je parle et que j'entends parler correspond exactement à ce galimatia linguistique que certains adolescents de culture zoréole produisaient au cours des années 1980-90. Ils parlaient simplement français et y ajoutaient quelques expressions en créole telles que amwin, aou, ali, oté, mounwar. Et ça donnait des phrases invraissemblables du genre "L'été prochain mi va partir en vacances dans le sud de la métropole", "Mon père i aime boire un ti coup de sec le soir après le boulot" ou encore "Allons à Boucan Canot ce samedi oté!"
Ça me faisait rire à l'époque. Aujourd'hui ça m'attriste.
Quel Meilleur moyen de faire douter un peuple sur la richesse de sa culture que d'appauvrir et de minimiser l'importance et l'impact de sa langue?

Ceci est le résultat de décennies d'inaction plus ou moins voulue par les autorités officielles.

La première mesure vers l'inaction consiste à abrutir le peuple en lui répétant sans cesse que sa langue ne mérite pas ou n'a pas besoin d'être transcrite. Cela signifie même que ce peuple n'a pas de langue et qu'il parle ce que les linguistes racistes du 19ème siècle appelaient du "petit nègre".

En d'autres termes, certains insinuent que le créole n'est pas une langue. Cela montre à quel point ces gens sont limités intellectuellement jusqu'à vouloir hiérarchiser les langues et les cultures.

Le comble de tout ceci s'observe chez le Créole qui se met lui-même à douter de sa langue et de sa culture. Ce qui signifie en somme que toute la vie des ses parents, de ses grand-parents, de ses aïeux et de tous ses ancêtres qui ont peuplé ce pays pendant plusieurs siècles n'était qu'une farce.

Puisqu'ils n'avaient pas de langue digne de ce nom ni de culture véritable, nos ancêtres étaient-ils donc des sous-hommes?

Que celui ou celle qui prétend cela ait des furoncles qui lui dérangent l'orifice du postérieur à jamais!

En premier lieu, je ressens un certain immobilisme dans les cercles intellectuels de mon pays. Notre langue est attaquée de toute part et on me demande de me conformer à l'évolution naturelle des langues qui ne sont jamais statiques et changent de façon permanente. Je veux bien. Mais l'évolution de la langue créole de la Réunion est loin d'être naturelle. On le sent et le ressent tout au fond de soi que cette langue est devenue ce qu'elle est à force d'influences néfastes d'une culture française dominante, belliqueuse et violente.

Quiconque veut exprimer son inquiétude ou son opposition vis-à-vis de la politique culturelle brutale de la

France à la Réunion passe pour un arriéré ou même un raciste. En effet, lorsqu'ils sont pris à dépourvu les bourreaux et leurs partisans se prêtent au jeu de l'accusé qui devient accusateur. C'est ce que j'appèlerais volontiers le syndrome M'Balla M'Balla. Quand on critique ceux qui profitent du système pour s'enrichir et dominer les autres, ceux-là s'organisent pour vous dénigrer et vous vilipender dans les medias. Vos propres frères se laissent alors embobiner par la télé, les medias en ligne ou même certaines radios populaires insidieusement partisanes de la cause francophile au detriment de la culture créole dite locale.

Les Anglais ont un proverbe qui devrait faire réfléchir chacun d'entre nous qui sommes aujourd'hui confrontés à toutes sortes de migration et de mise en contact de civilisations différentes. Ce proverbe dit ceci:

"When in Rome, do as the Romans do[1]."
Cela semble tellement couler de source et paraît si naturel que personne ou si peu de personnes ne l'utilisent comme argument lorsqu'il s'agit de discuter du respect des coutumes d'un pays.

Je trouve par exemple qu'il est irrespectueux, lorsqu'on est en public, de parler une langue que les autres ne comprennent pas. Dans certains cas même, on a l'impression que les personnes en question parlent à très haute voix pour afficher une identité distincte de celle de la majorité. Dans le cas de la Réunion, la langue mahoraise, le shi-mahoré joue désormais ce rôle ingrat.

Je trouve dommage qu'une communauté culturelle ou linguistique vienne s'installer dans un autre espace culturel et linguistique en ramenant tout

---

[1] Quand on est à Rome, on fait comme les Romains.

de son espace initial et en n'acceptant rien du lieu d'accueil.

Je ne vois pas l'intérêt de la migration. Sauf s'il est ailleurs et dans ce cas, il faut mettre toutes les cartes sur table et dire clairement que les Mahorais viennent à la Réunion car le RSA y est à 607,75 euros pour une personne seule et à 1762,17 euros[2] quand on a quatre enfants alors qu'à Mayotte le même RSA est à 303,88 euros pour une personne seule et 790,08 euros quand on a quatre enfants.

Là je comprends mieux pourquoi tant de familles mahoraises s'installent à la Réunion.

Pour rééquilibrer les choses, il faudrait que les autorités françaises accordent les mêmes allocations aux habitants de l'île aux parfums. Mayotte est un vrai département français oui ou non? Il faut savoir.

---

[2] Auxquels on rajoute 243,10 euros par enfant supplémentaire.

Il m'arrive parfois de me demander si je n'ai pas des tendances complotistes car il me semble que toute cette violence culturelle n'est ni gratuite ni fortuite. Vous me direz si j'ai tort mais il me semble que la France est au courant des conséquences terribles de l'agression culturelle, étant donné qu'elle est elle-même victime des agressions du style de vie américain. On sait que les autorités françaises sont sur le qui vive concernant l' "invasion" culturelle dont souffre le pays dans les domaines du cinéma, de la musique, de la littérature, de la mode, de la gastronomie, du sport etc. Mais là où le bât blesse, c'est que la langue française elle-même est soumise à des pénétrations multiples par l'Atlantique, la Méditerrannée, la Manche etc. Les expressions en anglais et en arabe prennent de l'importance jour après jour dans la langue française et l'Académie Française fait semblant de s'enorgueillir de l'enrichissement de la langue. Or, on sait bien à quel point les

Français et la culture française ont toujours été hermétiques à tout ce qui leur est étranger, surtout si ça vient du monde hors-occident.

Cela ne veut pas dire que la culture et la langue françaises ne subissent pas les influences extérieures. Toute langue et toute culture est dépendante des autres cultures influentes du monde. La seule variante est à chercher du côté de la manière de réagir de la part des autorités. On a souvent confondu "ouverture" et "soumission".

Je pense avoir par exemple l'ouverture d'esprit d'aimer les oeuvres de Marcel Proust et de Julien Gracq sans pour autant être un fervent francophile au détriment de ma propre identité culturelle. Je suis un admirateur de Shakespeare et de Fitzgerald ou encore de Louis Armstrong. Ce n'est pas pour ça que je ne vais plus parler ma langue maternelle et baragouiner de l'anglais à mes enfants dans le but d'en faire des personnes soit disant plus instruites et plus cultivées. Absolument pas. Mon père était exclusivement créolophone et ne connaissait aucun mot d'anglais. Cela ne l'a pas empêché d'être un homme fort et admirable à plus d'un titre.

S'il avait su lire et parler anglais, sans doute son esprit aurait il goûté à des mets exquis d'un monde intellectuel et moral qui lui aurait ouvert certaines fenêtres culturelles. Mais tout cela ne semblait pas lui manquer et son bonheur terrestre ne me paraissait pas à plaindre.

Pour en revenir à nos moutons blancs, la France est un pays en proie à de multiples "agressions" culturelles et si je m'écoutais, je dirais qu'elle se venge un peu et exprime sa rage en déversant les mêmes problématiques de violences culturelles envers d'autres "petits" pays. En fait, comme dans les cours de récréation, on cherche toujours un plus petit que soi pour se décharger du harcèlement que l'on a subi d'un plus grand. Les Américains, entre autres, nous dominent; à notre tour allons dominer et détruire la langue et la culture de ces petits pays qui nous appartiennent selon nos propres textes de loi. D'autant plus que certains de ces soit-disant citoyens français se croient autonomes voire indépendants. Allons commencer par l'île de la Réunion.

Il paraît que c'est plus facile là-bas. On dit que les autochtones y sont plus dociles. On peut leur faire croire tout ce qu'on veut. D'ailleurs, on y a déjà envoyé pas mal d' "expat" depuis plusieurs décennies. Bientôt on y sera aussi à l'aise qu'à Bordeaux ou à Paris. Il paraît qu'on y parle quasiment plus que le français. C'est vrai qu' on y a encouragé l'immigration mahoraise pour destabiliser encore un peu le semblant ou le restant de cohésion sur place. Après, on va y rentrer comme dans du beurre.

Pour ce qui est des Mahorais, on s'occupera de leur terre plus tard. Pour le moment, on s'en tient à les faire s'opposer à leurs voisins et cousins comoriens. On les encourage à aller vivre à la Réunion. Ce sera plus facile de leur acheter leurs terres pour une bouchée de pain ensuite.

Voilà où j'en suis de mes théories probablement complotistes.

Certaines communautés ethnico-religieuses de la Réunion s'enrichissent économiquement alors que les Créoles d'origines afro-malgaches et autres subissent les contre-coups d'un système d'assistanat où le RSA et les autres aides de la France les ramènent insensiblement vers un état de legumes socio-économiques et culturels.

Saint Denis, le 11 juillet 2023.

KARL JEAN-MARIE

JE SUIS KUNTA KINTÉ